MEDITATIONEN

für Frauen

arsEdition

A Running Press Miniature Edition™

Text: Ronnie Polaneczky
Aus dem Amerikanischen von Elke Hesse
Gestaltung: Nancy Loggins Gonzalez

Printed in China

ISBN 3-7607-3060-4

INHALT

Einleitung 5
Freundschaft 8
Alleinsein 18
Phantasie 28
Ehrgeiz 38
Arbeit 48
Positives Denken 58
Veränderung 68
Gleichberechtigung 78
Erfolg 88
Spontaneität 98
Liebe 108
Wahrheit 118

EINLEITUNG

... unsere schlechtesten Momente entstehen oft in uns selbst ... und spielen sich allein in unserem Kopf und unserem Herzen ab ...

(Kathleen Tynan)

Wieviel Wahrheit in diesen Worten liegt, mag jede Frau aus eigener Erfahrung bezeugen. Wie oft verfallen wir in trübsinnige

Gedanken, sind unerklärlich launisch oder niedergeschlagen. Und wie sehr helfen dann die aufmunternden Worte einer guten Freundin oder eines guten Freundes, auf andere Gedanken zu kommen und uns aus dem Sumpf dieser mißmutigen Stimmung zu befreien!
Die richtigen Worte zur rechten Zeit können Kraft und Mut verleihen. *Meditationen für Frauen* enthalten

Einleitung

Texte zum Nachdenken und Nachklingen lassen – besinnliche Betrachtungen zu Themen, die Frauen bewegen: von Liebe und Freundschaft, Familie und Beruf und einer positiven Lebensgestaltung. Mögen diese Meditationen neue Kräfte in uns freisetzen und helfen, dem Leben offen und bejahend gegenüberzustehen.

FREUNDSCHAFT

Die Stimme der Freundschaft
in der Not zu vernehmen
ist das Göttlichste,
was dem Herzen
widerfahren kann.

(Charlotte von Schiller)

Jeder Mensch hat zwei Familien. In die erste wird er hineingeboren und die zweite wählt er sich selbst: nämlich den Kreis seiner Freunde.

Auch wenn Freunde im Laufe eines Lebens wechseln mögen, sollte die Fähigkeit, Freundschaft zu empfinden und zurückzugeben, eine wichtige Konstante in unserem Leben bleiben.

Und mancher von uns hat das große Glück, einen oder zwei Freunde ein ganzes Leben lang zu behalten. Diese Freunde kennen uns fast besser als wir uns selbst. Wir müssen ihnen nichts vormachen, weil wir uns ihrer Liebe sicher sind. Sie sind da, wenn es uns einmal nicht so gut geht, trösten uns, wenn wir Trost brauchen, und machen uns neuen Mut. Aber sie äußern auch Kritik und sagen

uns ihre Meinung. Sie teilen unsere Sorgen, als wären es die ihren, und machen unseren Kummer damit leichter. Und sie freuen sich an unseren Erfolgen und verdoppeln die eigene Freude damit.
Freundschaft ist wechselseitig: Sie muß geben und nehmen können. Nur dann kann wahre Freundschaft gedeihen und über lange Zeiträume erhalten bleiben. Es müssen nicht

immer große Gesten sein – ein Telefonanruf, mit dem man sich erkundigt, wie der Tag gelaufen ist, eine Karte, die man einfach mal schreibt – das sind Dinge, die unter Freunden zählen. Und in dem Maße, in dem wir Freundschaft zu einem anderen Menschen pflegen, pflegen wir auch die Freundschaft zu uns selbst.
Wahre Freundschaft erfordert Akzeptanz und Verständnis – das be-

deutet, ein Gefühl dafür zu haben, ob der andere uns gerade braucht oder ob ein wenig Distanz not tut. Jeder macht verschiedene Entwicklungen durch – und manchmal gibt es auch in der besten Freundschaft Zeiten, in denen Abstand besser ist als Nähe. Es kann sein, daß sich die Wege danach endgültig trennen, aber manchmal verhilft eine Pause auch zu neuer Erkenntnis Wie ein

Feld, das man eine Zeitlang brachliegen läßt, damit es neue, bessere Ernte hervorbringt, kann eine Freundschaft nach einer Unterbrechung neue Früchte tragen.
Ob kurz oder lang, vergangen oder gegenwärtig – jede Freundschaft ist einzigartig und bereichert unser Leben auf eine wunderbare Art und Weise.

Ich lebe
mein Leben
mit anderen.

ALLEINSEIN

Einsamkeit ist die
Schwester der Tränen
oder die Mutter der Kraft.

(Margarete Seemann)

Wie oft jammern wir, daß wir uns nach etwas mehr Ruhe und Muße sehnen. Aber was passiert, wenn wir plötzlich tatsächlich mal nichts zu tun haben: Wir schalten den Fernseher ein, fangen an zu telefonieren oder machen lauter unsinnige Sachen im Haushalt. »Das Leben ist hart«, behaupten wir, »man darf sich keine Ruhe gönnen, muß sehen, wie man am Ball bleibt.«

Ist das wirklich der Grund, warum wir in pausenlose Aktivität verfallen? Oder haben wir in Wirklichkeit Angst vor der Ruhe und dem Alleinsein, dem Zurückgeworfensein auf uns selbst?

Frauen, so heißt es, sind der Natur und ihren Gesetzen viel mehr verbunden als Männer. Oft haben wir ein gutes Gespür für das, was in anderen vorgeht, ahnen viele Dinge, bevor sie ausgesprochen werden. Dieser siebte Sinn, auch weibliche Intuition genannt, funktioniert auf geheimnisvolle Art und Weise recht zuverlässig und trägt nicht unerheblich zur Qualität unserer Beziehungen zu anderen Menschen bei. Wenn wir aber in Einklang mit uns selbst und unserer inneren Stimme, die uns sagt, wer wir wirklich sind, leben wollen, dann müssen wir uns

um uns selbst genauso kümmern wie um andere Menschen. Tatsächlich ist es so, daß unser Umgang mit uns selbst auch unseren Umgang mit anderen bestimmt. Aber nehmen wir uns die Zeit dafür?
Früher, als das Leben noch nicht so viele Annehmlichkeiten zu bieten hatte wie Telefon, Faxgerät, Mikrowelle, Waschmaschine und Trockner, hatten Frauen bei ihrer täglichen

Routinearbeit nicht unbedingt weniger Freiraum zum Meditieren als heute – nur hätte man es damals noch nicht Meditieren genannt. Beim Wäscheaufhängen oder Bügeln hatte man Zeit zum Nachdenken und Träumen. Die Erfindung moderner Haushaltsgeräte spart uns diese Zeit, aber wir nutzen sie in den seltensten Fällen für uns selbst. Wir flüchten vor dem Alleinsein, als hätten wir Angst, neue, unbekannte Seiten unserer Persönlichkeit zu entdecken.

Wir sollten dazu übergehen, die Zeit, die wir uns allein widmen, als ein Geschenk an uns selbst zu betrachten. Wenn wir allein sein können, so bedeutet das, daß wir uns selbst die gleiche Aufmerksamkeit und Liebe zugestehen, die wir auch anderen Menschen zukommen lassen.

Allein
mit mir
bin ich
in bester
Gesellschaft.

PHANTASIE

*Phantasie ist die Möglichkeit,
sich die phantastischen
Möglichkeiten der Wirklichkeit
vorzustellen.*

(Anonym)

Das beste Transportmittel des Lebens ist unsere Phantasie. Ohne daß wir auch nur einen Fuß bewegen müssen, bringt sie uns in jede Welt, die wir erträumen. Wir können uns wie ein Vogel in die Lüfte erheben und fortfliegen: Wir werden jemand anders, wir begegnen berühmten Persönlichkeiten, wir erleben aufregende Abenteuer. Und das Schöne daran ist, daß wir der Regisseur unseres eigenen Films sind und selbst bestimmen können, wie die Handlung weitergeht. In unserer Phantasie können wir alle Grenzen, die uns sonst gesetzt sind, überwinden.

Aber sind das wirklich »nur« Tagträume? Als wir noch Kinder waren, nahmen unsere Phantasien viel mehr Raum ein als heute. Wir träumten, wir seien eine Prinzessin, die in einem traumhaften Palast wohnt, oder eine Fee, die alle Wünsche erfüllen kann. Manchmal verwischten sich die Grenzen zwischen Traum und Tag, zwischen Phantasie und Realität.

Das Leben der Erwachsenen erschien uns unverständlich und weit entfernt. Schule, Spielplatz und unser Zuhause waren einfach vorhanden, ohne daß wir etwas dafür getan hätten. Aber in unserer Phantasie waren wir diejenigen, die über unser Leben bestimmten. War das nicht eine gute Vorbereitung für den Tag, an dem wir unser Leben tatsächlich in die eigene Hand nehmen mußten?

Unsere Träume enthalten immer auch wichtige Botschaften an uns selbst. Botschaften, die uns mitteilen, wie wir unser Leben gestalten sollen. Je älter wir werden, desto besser erkennen wir, wie und ob wir unsere Träume verwirklichen können. Der große Lottogewinn läßt sich nicht herbeiträumen. Aber so mancher Traum ist realistischer, als wir zunächst glauben wollen.

Wir schließen die Augen, atmen tief ein und versuchen uns vorzustellen, wie wir sein würden ohne die Erwartungen der Gesellschaft und ohne die Hindernisse, die wir uns selbst in den Weg stellen. Wie würde unser Leben – unser Beruf, unsere Beziehungen, unsere Einstellungen und Erwartungen – aussehen? Wo würde es uns hinbringen? Wenn wir uns das vorstellen können, dann werden wir unsere Träume auch, zumindest ein Stück weit, verwirklichen.

Ich bin der
Dirigent
meines Lebens.

ike's
ways
wanted to get involved
fered me the part
static
at inspiration and we
ationship. The only
most recently, Joie wrote, along with her bro
Cinque, the screenplay that would blossom in
glorious tale of a black family making the

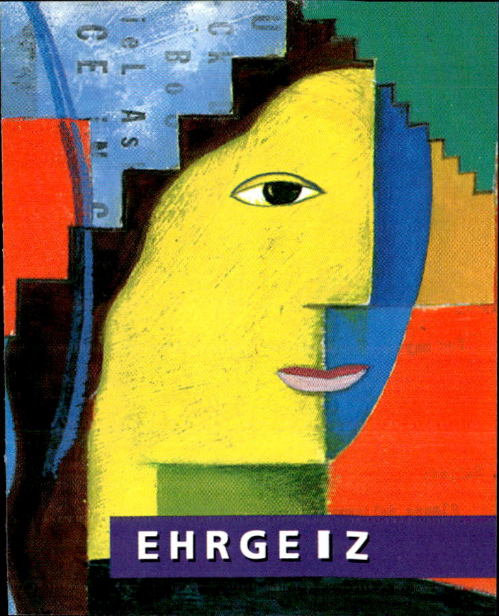
EHRGEIZ

Besser ist es,
Frauen als Sklavinnen einzuschließen,
weder ihren Geist noch ihre
Einbildungskraft zu erregen,
als sie in die Welt einzuführen,
um ihre Fähigkeiten zu entwickeln
und ihnen dann das Glück
zu verweigern, nach dem sich
ihre Fähigkeiten sehnen.

(Madame de Staël)

Lange Zeit konnte eine Frau praktisch nicht gleichzeitig einen erfolgreichen Beruf ausüben oder gar Karriere machen und dabei eine Familie haben. Heutzutage ist es möglich, beides unter einen Hut zu bringen, auch wenn dies oft einen großen Einsatz verlangt und häufg noch auf Widerstände stößt. Es gilt auch nicht länger als unweiblich, ehrgeizig zu sein und alles daran zu

setzen, seine beruflichen Ziele zu erreichen.
Immer mehr Frauen streben Führungspositionen an, machen sich selbständig, gründen eigene Firmen und wollen dennoch auch Kinder haben. Im Leben unserer Mütter und Großmütter schien so etwas undenkbar, sie waren meist dem gesellschaftlichen Zwang unterworfen, daheim an Herd und Wiege zu blei-

ben, es sei denn, die wirtschaftliche Not zwang sie zum Arbeiten. Den Frauen heute stehen viele Möglichkeiten offen; sie haben die Wahl, sowohl ihre beruflichen als auch ihre familiären Träume zu verwirklichen. Wir können unser Leben frei bestimmen und einteilen. Wir können uns entscheiden, welchen Beruf wir erlernen wollen und wann und ob wir Kinder haben möchten. Nicht

alle Ziele müssen auf einmal verwirklicht werden. Manchmal ist unser Ehrgeiz so groß, daß wir schnell ungeduldig werden, statt uns der Herausforderung Schritt für Schritt zu stellen.
Unsere angeborene oder anerzogene Tendenz, nach Integration und Harmonie unter unseren Mitmenschen zu streben, steht oft im krassen Widerspruch zu dem Wunsch, uns

selbst und unsere Ziele durchzusetzen. Aber beides muß sich nicht ausschließen. Man kann auch Karriere machen, ohne dabei über Leichen zu gehen. Wenn wir den Menschen, mit denen wir zusammenarbeiten, mit Respekt begegnen und sie als wertvolle Mitarbeiter und Kollegen betrachten, können wir unsere eigene Energie viel besser und sinnvoller entfalten. Wenn wir entschlossen unseren Weg gehen, können wir anderen zum Vorbild werden. Und wenn wir es akzeptieren und zulassen, daß andere Menschen Anteil an unserem Aufstieg haben, zeigen wir der Welt, daß unsere Erfolge zu bezwingend sind, um sie zu übersehen und um sie nicht mit anderen zu teilen.

Ich bin
erfolgreich.

3
4
5
6
13 THURSDAY
20 THURSDA
• LEAVE

ARBEIT

Eine Arbeit,
die dich freut,
ist nicht Arbeit,
sondern Würze des Lebens.

(Eleonore van der
Straten-Sternberg)

Oft klagen wir über unsere Arbeit und stellen uns in unserer Phantasie vor, wir würden eine Million im Lotto gewinnen und dann auf der Stelle aufhören zu arbeiten. Nie mehr würden wir einen Finger krumm machen, kein Büro mehr betreten müssen, Staubwischen oder Bügeln würden der Vergangenheit angehören. Aber wenn wir ehrlich sind, müssen wir uns doch einge-

stehen, daß uns auf Dauer die Arbeit und alle Vorzüge, die daraus erwachsen, fehlen würden.
Arbeit gibt uns Selbstachtung, verleiht dem Leben Sinn, bedeutet Kommunikation mit anderen, bietet eine Plattform für unsere Talente und ist damit viel mehr als nur der Zwang zum Geldverdienen.
Durch Arbeit entwickeln wir uns weiter. Sie sorgt für unsere Unab-

hängigkeit, sie ist ein Beweis dafür, daß wir in der Lage sind, für uns zu sorgen und Verantwortung zu übernehmen, sie gibt uns Daseinsberechtigung.
Und dabei ist es völlig gleichgültig, ob wir für andere oder selbständig arbeiten oder ob wir Hausfrauen und Mütter sind – der Effekt bleibt der gleiche. Durch unsere Arbeit leisten wir einen Beitrag in der Welt,

mit dem wir sagen können: »Hier, das bin ich.«
Manchmal fällt es uns schwer, den Sinn in unserer Arbeit zu erkennen. Aber im Grunde genommen ist jede Arbeit sinnvoll, sofern sie mit dem Herzen getan wird, mit Einsatzfreude und der Bereitschaft, die eigenen Fähigkeiten zu entwickeln.
Arbeit kann für uns sehr lehrreich werden. Sie offenbart uns unsere

Kräfte und unsere Schwächen, unsere Begabungen und Unzulänglichkeiten, unsere Neigungen und Abneigungen. Wir lernen dadurch nicht nur uns besser kennen, sondern auch den Platz, den wir in der Welt einnehmen sollen.
Arbeit schafft, mehr als alles andere im Leben, Tatsachen. Am Abend können wir sagen, ob wir etwas geleistet haben oder nicht.

Arbeit ist ein ständiger Appell, sich von seinen Träumen loszureißen beziehungsweise Träume Wirklichkeit werden zu lassen und Tatkraft zu zeigen. Disziplin und Produktivität ermöglichen es uns, Ziele zu finden und darauf zuzusteuern. Vielleicht klingt es etwas altmodisch, aber es gibt keinen Ersatz für das befriedigende Gefühl, das einen überkommt, wenn man etwas geleistet hat.

Ich leiste etwas.

POSITIVES
DENKEN

TREES AND NURSERY

Wende dein Gesicht
immer der Sonne zu,
dann fallen die
Schatten hinter dich.

(Thailändisches Sprichwort)

Was läßt uns hoffen? Was bewegt uns, selbst in den schlimmsten Momenten des Lebens zu sagen, daß das Leben trotzdem weitergehen wird? Wie schaffen wir es, ein Glas nicht als halb leer, sondern als halb voll zu betrachten? Frauen, die Lebensfreude verbreiten, werden oft als naiv bezeichnet, so als ob Optimismus etwas wäre, das nur schlichten Gemütern zugestanden wird. In Wirklichkeit aber ist es so, daß diejenigen, die versuchen, überall das Positive zu finden, die wahren Lebenskünstler sind. Denn sie freuen sich am Leben, statt es zu erleiden. Das schließt natürlich nicht aus, daß auch der größte Optimist von Zeit zu Zeit trüben Gedanken nachhängt.

Wer von vornherein pessimistisch ist, der wird auch nicht enttäuscht sein, wenn die Dinge mal nicht wunschgemäß laufen. Der Pessimist riskiert gar nicht erst, daß seine Hoffnungen zerschlagen werden und seine geheimsten Träume an der rauhen Wirklichkeit scheitern könnten. Die Welt und ihre Verwundungen können ihm nichts anhaben – zumindest bildet er sich das ein. Wer so denkt, scheint nicht sehr viel Selbstvertrauen zu haben. Er lebt ständig in dem Bewußtsein, mit den eigenen Hoffnungen und Wünschen nicht umgehen zu können. Dabei haben wir in Wirklichkeit eine unermeßliche Kapazität an Willens- und Widerstandskraft. Wir können jede Situation mit Würde, Charme und Humor bestehen. Natürlich riskieren wir eine Enttäuschung, wenn wir hohe Erwartungen hegen, aber wir riskieren noch viel mehr, wenn wir uns selbst unterschätzen. Nur wer der Welt positiv und aufgeschlossen gegenübersteht, kann die wunderbaren Momente des Lebens überhaupt erst entdecken und wirklich genießen. Und mit einer optimistischen Grundeinstellung lassen sich auch die schweren und traurigen Zeiten, die das Leben für jeden von uns bereithält, leichter ertragen. Wenn wir Optimismus verbreiten, erreichen wir zwei Dinge gleichzeitig: Wir signalisieren uns und anderen, daß wir Frauen mit Selbstbewußtsein sind, die Wert darauf legen, glücklich und zufrieden zu sein, und wir füllen damit auch unsere eigenen Kraftreserven wieder auf. Wir umarmen das Leben als Ganzes – mit all seinem Leid und all seiner Freude.

Ich versuche, in allem stets das Positive zu suchen. Alles wird gut.

VERÄNDERUNG

Nicht die Umgebung,
sondern Kräfte,
die in ihr zur Wirkung kommen,
wandeln den Menschen.

(Helen Keller)

Wenn wir uns nach einer Veränderung sehnen, spüren wir das am ganzen Körper. Trotz all unserer Anstrengungen wird der Job plötzlich unerträglich, eine Beziehung läuft ins Leere, unser Zuhause erscheint uns mit einem Mal eintönig und muffig. Die beste Lösung scheint es zu sein, den Job an den Nagel zu hängen, die Beziehung zu beenden und in eine andere Stadt umzuziehen. Aber wenn wir das tun, ist das noch lange keine Garantie, daß wir dadurch wirklich zufriedener werden.

Einer der Vorteile unserer modernen, schnellebigen Gesellschaft ist es, daß sich kein Mensch mehr gezwungen fühlen muß, in Lebensumständen zu verharren, die für ihn unerträglich geworden sind. Anstatt genau hinzuschauen, warum eine

Situation eigentlich unerträglich geworden ist, sind wir schnell dabei, einen Wechsel zu vollziehen. Das Leben ist zu kurz, so reden wir uns ein, um lange auszuharren.
Aber sind radikale Veränderungen immer die Antwort auf Konflikte? Wie oft passiert es, daß wir den Job, den Partner oder die Wohnung wechseln, um danach doch wieder erneut mit den gleichen Problemen konfron-

tiert zu werden? Es ist, als ob wir uns mit unserem Tatendrang selbst beweisen wollten, welche Power wir haben – aber die tatsächlichen Konflikte schlummern weiter in uns. Anstatt immer schnell nach außen hin zu reagieren, sollten wir unsere Energien mehr nach innen lenken und eine Veränderung von uns selbst anstreben. Es ist nicht leicht, alte Gewohnheiten und Verhaltensmuster aufzugeben. Selbst wenn sie destruktiv sind und uns schaden, sind sie uns immer noch vertrauter als alles andere. Ohne sie fühlen wir uns zunächst irgendwie nackt, beraubt und unsicher. Wir müssen versuchen, unser Innenleben so zu gestalten, daß wir uns in uns selber wohlfühlen. Nur wenn wir mit unseren Sehnsüchten und Wünschen vertraut sind, können wir äußere

Veränderungen – einen neuen Job, eine neue Beziehung – richtig und besser gestalten.
Wenn wir es schaffen, uns selbst zu verändern, können wir auch viel besser auf Veränderungen, die wir selber nicht beeinflussen können, reagieren. Je mehr Konfliktbereitschaft wir zeigen, je größer unsere Flexibilität ist, desto besser sind wir gewappnet für schlechtere Zeiten.

Es gibt zwei Arten
von Veränderungen –
die, die ich selber
suche und die, die auf
mich zukommen.
Ich begegne beiden mit
Mut und Zuversicht.

GLEICHBE-RECHTIGUNG

Emanzipation der Frau
heißt die vollständige Veränderung
ihrer sozialen Stellung
von Grund aus.

(Clara Zetkin)

Es ist schwer vorstellbar, daß Frauen über Jahrhunderte hinweg nicht die gleichen Rechte hatten wie Männer. Das Recht zu wählen, eigene Geschäfte zu tätigen, frei einen Beruf zu wählen, einen Kredit aufzunehmen, in der Öffentlichkeit zu rauchen – das dürfen Frauen erst seit den letzten hundert Jahren. Aber auch wenn wir heute Gesetze haben, die eine Gleichberechtigung zwischen Mann und Frau garantieren, sollten wir uns nicht darüber hinwegtäuschen, daß es in uns selbst nach wie vor Tendenzen gibt, nach alten, eingefahrenen Rollenmustern zu leben. Elternhaus und Schule, aber auch die Medien haben uns häufig noch traditionelle Wertvorstellungen nahegelegt, die jedem Geschlecht seinen vorbestimmten Platz in der Gesellschaft zuweisen.

Es gibt auch heute noch bestimmte Dinge, die bei dem einen Geschlecht als positiv angesehen werden, für das andere Geschlecht aber nicht gelten sollen.
Männer, die ehrgeizig ihre Ziele verfolgen, werden als dynamisch und tatkräftig bezeichnet. Wenn Frauen das gleiche tun, werden sie als karrieresüchtig abgestempelt. Während Frauen für ihre erzieherischen Fä-

higkeiten bewundert werden, gelten Männer, die lieber zu Hause bei den Kindern bleiben, als unmännlich. Es gibt einen einfachen Grund dafür, daß diese Klischees nach wie vor existieren: Sie geben uns ein Muster vor, mit dem wir unser Tun und unser Verhalten leichter einordnen können. Sie erlauben uns, in unserer vertrauten, anerzogenen Denkweise zu verharren und sich nicht den

Zweifeln und Gefahren des persönlichen Wachstums auszusetzen. Traditionell nahm der Mann eine dominante Stellung ein, die Frau richtete ihre Lebensplanung an den Bedürfnissen und Zielen des Mannes aus. Beide Geschlechter gingen eine Symbiose ein, aber eine, die keine Veränderung zuließ.
Wie das letzte Jahrhundert gezeigt hat, kann diese Symbiose gelöst

werden. Männliche und weibliche Klischees können und müssen überwunden werden. Gerade jetzt, an der Schwelle zu einem neuen Jahrtausend, stehen Männer und Frauen vor der Herausforderung, Seite an Seite mit gegenseitiger Achtung und Respekt die vielen Probleme, die auf uns zukommen, zu bewältigen.

Als Gleiche unter Gleichen
führe ich ein
selbstbestimmtes Leben.

ERFOLG

Das Leben ist ein Spiel.
Man macht keine größeren
Gewinne, wenn man nicht
einen Verlust riskiert.

(Christine von Schweden)

Erfolg

Jeder Mensch strebt danach, erfolgreich zu sein, und doch gibt es kaum etwas, das so viel zwiespältige Gefühle hervorruft wie Erfolg. Entweder sind wir gerade dabei, unseren Erfolg zu planen oder zu erarbeiten, oder wir fürchten uns davor und tun so, als ob wir ihn verachten würden. Wahrscheinlich rührt dieser Zwiespalt daher, daß Erfolg nicht nur an dem gemessen wird, was am

Ende dabei herausgekommen ist, sondern auch daran, ob sich – nach unserer Meinung und nach Meinung von anderen – der Einsatz, den wir dafür erbracht haben, überhaupt gelohnt hat. Wenn wir uns auf diese Weise unter Druck setzen, kann das Streben nach Erfolg zum Problem werden.

Kluge Eltern wissen, daß sie ihrem Kind nur dann Selbstbewußtsein vermitteln können, wenn sie es für seine Anstrengungen und Bemühungen loben, egal, wie das Ergebnis davon aussieht. Genauso müssen wir dem Kind in uns stets klarmachen, daß das Leben ein endloses Abenteuer ist und daß zu dieser Reise nicht nur Siege, sondern auch Niederlagen gehören. Erfolg bedeutet zu wissen, wie man trotz Hindernissen und Umwegen an sein Ziel

kommt. So betrachtet hält uns das Leben immer Lernstoff bereit, auch in den Lebenslagen, die wir als Mißerfolge erachten.
Die Geschichte kennt viele Frauen, deren Leben gezeigt hat, daß die Voraussetzung für Erfolg ist, seine Visionen mit Entschlossenheit anzugehen. Die Suffragette Susan B. Anthony mußte viele Rückschläge erleiden, als sie das Wahlrecht für

Frauen erkämpfte, aber sie betrachtete jedes Hindernis als Ansporn, an ihr Ziel zu gelangen. Während ihr Mann Präsident war, kämpfte Eleanor Roosevelt erfolglos für ein Gesetz gegen Rassendiskriminierung, aber sie legte damit den Grundstein für die Bürgerrechtsbewegung, die dreißig Jahre später entstand. Helen Keller wurde als Kind blind und taub und schaffte es

dennoch, erfolgreich und berühmt zu werden.
Erfolg zu haben bedeutet nicht, daß man es auf Anhieb schafft. Erfolg zu haben bedeutet, seine Ziele trotz Rückschlägen weiterzuverfolgen. Wenn wir nach diesem Prinzip handeln, wird unser Leben zu einer Kette von erfolgreichen Momenten, und jedes Glied davon ist untrennbar mit dem anderen verbunden.

Schritt
für Schritt
verfolge
ich meine
Ziele.

SPONTANEITÄT

Das Glück ist nicht in einem
ewig lachenden Himmel zu suchen,
sondern in ganz feinen Kleinigkeiten,
aus denen wir unser Leben
zurechtzimmern.

(Carmen Sylva)

Spontaneität bedeutet, daß man einer unabänderlichen Tatsache des Lebens Rechnung trägt – der Tatsache, daß Zeit ohne unser Zutun vergeht und das Leben begrenzt. Wir wissen, daß jede Minute, die wir vergeuden, für immer verloren ist. Also versuchen wir, so viel wie möglich jeden Tag zu schaffen: arbeiten, aufräumen, kochen, waschen, putzen, uns um die Kinder kümmern, usw.,

usw. ... Tief in uns ahnen wir, daß jeder Tag ein Geschenk ist. Wir sehnen uns nach einem langen Urlaub und dem Wochenende, wenn wir endlich die Muße finden, uns zu entspannen und das Leben zu genießen.

Das gelingt besser, wenn man wegfährt und aus dem täglichen Trott herausfindet. Ohne das ständige Klingeln des Telefons, den nörgelnden Chef, den lästigen Haushalt fällt es uns leichter, uns wirklich lebendig zu fühlen. Ohne einen Zeitplan bestimmen wir ganz spontan, was wir tun wollen. Wir atmen tief durch, sind ruhig und entspannt und fühlen uns bestens.

Aber auf dieses Gefühl muß man nicht warten, bis das nächste Wochenende kommt oder der nächste Urlaub. Wir können es jederzeit, heute, in diesem Moment erleben. Wie das gelingt? Indem wir uns selbst erlauben, spontan zu sein, und unseren freudigen Impulsen nachgeben, indem wir uns nicht ständig selbst unter Druck setzen, rational und beherrscht zu sein. Im Gegensatz zur Impulsivität, die oft nur einer Laune entspringt und ohne Rücksicht auf andere ihren Regungen nachgeht, wird Spontaneität aus dem Gefühl der Lebensfreude heraus geboren und ist von Natur aus gutmütig.

Spontan sein heißt beispielsweise, sich plötzlich an eine alte Schulfreundin zu erinnern und diesen Impuls zu benutzen, sie einfach anzurufen. Spontan sein heißt, sich auf eine Bank zu setzen und die ersten warmen Sonnenstrahlen im Frühling zu genießen. Spontan sein heißt, an einem schönen Sommertag den Haushalt Haushalt sein zu lassen und stattdessen ins Schwimmbad zu gehen. Spontan sein bedeutet einfach, mit offenen Augen durchs Leben zu gehen. Mit offenen Augen für alles Schöne, was das Leben zu bieten hat. Denn nur wer in der Lage ist, die wundervollen Seiten des Lebens wahrzunehmen, kann sie auch genießen.

Ich genieße
die spontanen
Glücksmomente
des Lebens.

LIEBE

Die Liebe wird weder
durch Schönheit noch Talent
noch selbst Achtbarkeit bedingt,
sondern liegt einzig in den
eigenen Augen und im
eigenen Herzen ...

(Annette von Droste-Hülshoff)

Beim Blick in die Augen eines anderen Menschen schwindlig zu werden, ein flatterndes Gefühl im Bauch zu haben vor Sehnsucht, Herzklopfen zu spüren, wenn das Telefon klingelt ... das gibt es nur, wenn man verliebt ist. Wir können uns nicht mehr auf die Arbeit konzentrieren, nachts liegen wir wach vor Aufregung und fiebern der nächsten Begegnung entgegen.

Das ist der erste und einfache Abschnitt der Liebe, wenn alles noch neu ist und unkompliziert erscheint. Wir können gar nicht anders, als uns unseren Gefühlen zu überlassen und dem unwiderstehlichen Sog der Liebe zu folgen. Endlich verstehen wir, was die Dichter schon seit Jahrhunderten besingen und was uns bisher so übertrieben und kitschig vorgekommen ist.

Wenn das erste heftige Verliebtsein aber vorüber ist, merken wir, daß eine Partnerschaft mehr von uns verlangt als bloße Gefühle. Verständnis, Toleranz, Geduld, Kompromißfähigkeit – das alles müssen wir füreinander aufbringen, besonders an den Tagen, wo der andere uns auf die Nerven geht und wir schon beinahe nicht mehr wissen, was uns mal zusammengeführt hat. Oder wenn wir

so gestreßt sind, daß wir kaum noch die Energie aufbringen, uns um uns selbst zu kümmern, geschweige denn um den Partner.
Erst in solchen Situationen können wir die wahre Bedeutung von Liebe erfassen: Sie gibt uns die Geborgenheit und Sicherheit, die es uns erlaubt, auch unseren negativen Gefühlen freien Lauf zu lassen. Sie ist unser Anker in den Stürmen des

Lebens, ein sicherer Hafen – und sie ist am schönsten, wenn beide Partner so empfinden und sich wechselseitig die Nestwärme bieten können, die jeder Mensch braucht.
Eine bewußt gelebte Partnerschaft kennt auch nach einer längeren Zeit des Zusammenseins noch diese glücklichen Momente, in denen uns die wahre Bedeutung der Liebe bewußt wird und wir dem anderen

durch eine zärtliche Berührung, ein geflüstertes Liebeswort oder eine kleine Botschaft signalisieren, was wir für ihn empfinden. Wenn alle Elemente unserer Liebe sich zu einem harmonischen Ganzen zusammenfügen, dann erfahren wir nicht nur im Stadium des frischen Verliebtseins, was es heißt, geliebt zu werden – und selber zu lieben.

Ich liebe
aus ganzem Herzen.

WAHRHEIT

Williger glauben
wir die Lügen,
die uns behagen,
als die Wahrheiten,
die uns mißfallen.

(Marie Jeanne de Riccoboni)

Meist erkennen wir Lügen sofort. Wenn die Werbung uns vorschwindelt, daß eine Creme uns um zehn Jahre jünger aussehen läßt, daß ein schnittiger Sportwagen uns neues Prestige und neue Freunde bescheren wird oder daß ein simpler Schokoriegel mehr Spaß verspricht, sind wir skeptisch. Wir verachten die Politiker, die uns das Blaue vom Himmel versprechen und nach den

Wahlen alles wieder vergessen haben. Wir leben in einer Gesellschaft, in der es bereits zur Gewohnheit gehört, die Unwahrheit zu sagen. Es ist, als lebten wir in der Märchenwelt von »Des Kaisers neue Kleider«, wo nur ein Kind bereit ist, die Wahrheit zu verkünden. Aber schließlich sind auch wir nicht frei von Schuld. Wie viele Ausflüchte und Verlegenheitslügen haben wir

selber im Laufe einer Woche parat? Wir behaupten, uns gehe es gut, wenn wir uns in Wahrheit miserabel fühlen. Wir unterbrechen mit fadenscheinigen Gründen Telefonate, um jemanden loszuwerden. Wir schmücken unsere Geschichten gerne ein bißchen aus, um sie interessanter werden zu lassen.
Das sind ja alles nur harmlose Lügen, kleine Flunkereien, denken wir

uns. Aber wenn wir unehrlich sind, dann verändert sich auch unsere eigene Wahrnehmung der Wirklichkeit. Was der Wahrheit entspringt, erscheint uns falsch, und was falsch ist, erachten wir für wahr. Dabei ist die Welt doch schon verwirrend genug.

Natürlich kann man nicht immer und überall und in jeder Situation die Wahrheit verkünden. Aber es nicht zu tun, sollte die Ausnahme bleiben. Denn je öfter wir unehrlich sind, gegenüber uns und gegenüber anderen, desto schneller verlieren wir den Respekt vor uns selbst. Und desto weniger können wir auch anderen vertrauen.

Wenn wir die Wahrheit suchen, dann werden wir automatisch Menschen begegnen, die ebenfalls die Wahrheit lieben. Alles, was wir auf ehrlichen

Wegen für uns selbst erringen können, haben wir uns auch ehrlich verdient. Was wir nicht erringen können, sollen wir auch nicht haben. Wir müssen nichts manipulieren und beschönigen und uns selbst damit diskreditieren. Unsere Chancen, daß wir das erreichen, was wir im Leben wollen, werden nicht geringer, wenn wir bei der Wahrheit bleiben.

Ich öffne mich
der Wahrheit.